Henri Delaborde

De la peinture française et de son histoire

Le savoir en poche

ISBN : 978-1548006570

10 9 8 7 6 5 4 3 2 1

Henri Delaborde

De la peinture française et de son histoire

Le savoir
en poche
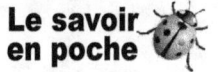

Table de Matières

Introduction

Il se produit depuis quelque temps, dans un domaine trop négligé des érudits, un mouvement de recherches qui mérite à plusieurs titres d'appeler l'attention. Le développement des arts en France commence un peu tard à préoccuper quelques esprits curieux, en attendant qu'il trouve de vrais historiens. Avant le siècle présent, les vieux chefs-d'œuvre de l'architecture et de la sculpture nationales ne rencontraient parmi nous qu'indifférence ou dédain traditionnel, et les écrivains spéciaux qui s'extasiaient à l'envi devant la moindre contrefaçon de l'antique jugeaient indignes de leur attention les monuments les plus authentiques de l'art français au moyen âge. L'époque de François Ier elle-même ne trouvait pas grâce auprès de ces superbes ennemis du « mauvais goût gothique. » Sans perdre leur temps à distinguer entre les différentes formes de la barbarie, ils enveloppaient délibérément dans un égal mépris toutes les œuvres antérieures aux règnes de Louis XIV et de Louis XV, et, pour ne citer qu'un exemple, le statuaire Mahomet, l'ami de Diderot et son collaborateur à l'*Encyclopédie*, résume à peu près les progrès de la sculpture en France dans les travaux de Puget, de Pigalle et de Bouchardon. Telles étaient les injustices systématiques, la manie d'exclusion qui prévalaient encore parmi nous sous l'influence de David et dans les écrits de ses disciples. Aujourd'hui, la critique d'art a plus d'équité et de clairvoyance, et le premier symptôme de cette réaction, c'est un ensemble déjà considérable d'études sur des circonstances historiques parfaitement ignorées de nos devanciers. Plusieurs publications sont venues en peu de temps nous rendre familière l'étude de nos anciens édifices et expliquer les origines de l'art, ses développements, ses transformations diverses ; nous avons appris à mieux respecter nos gloires, à honorer les rares talents des artistes français qui ont construit ou dont le ciseau a décoré tant d'églises et de palais depuis le XIe siècle jusqu'au XVIIe. En un mot, tout ce qui intéresse l'histoire de l'architecture et de la sculpture est maintenant mis en lumière. Peut-être même serait-il temps que ce zèle archéologique commençât à se modérer, et que, sous prétexte de retrouver des titres, on négligeât un peu moins de s'en créer de nouveaux : les architectes par exemple, à force de se complaire dans les recherches, n'en sont-ils pas venus à oublier en quelque sorte leur fonction d'artistes pour le rôle plus facile d'érudits ?

Peu importe cependant. Malgré quelques écarts, ce mouvement de retour vers le passé de l'art en France mérite qu'on l'encourage. Il s'en faut d'ailleurs qu'il se soit exercé dans toutes les directions avec une même vigueur, et ce n'est pas en ce qui concerne notre école de peinture et son histoire qu'on pourrait souhaiter qu'il se ralentît. Ici en effet tout ou presque tout est encore à déterminer. Bien des préjugés subsistent qu'il serait urgent de détruire, bien des erreurs dont il faudrait faire justice restent accréditées comme autrefois. La vie et les œuvres de Lesueur, de Poussin, de plusieurs autres maîtres, ont été, il est vrai, analysées et jugées soit avec une autorité sans réplique, soit avec une pieuse attention ; mais de pareils travaux, si intéressants qu'ils soient, nous font connaître seulement quelques hommes ou tout au plus quelques époques, et ne nous renseignent que de loin sur les progrès successifs de l'art. D'ailleurs on a choisi presque toujours pour objets d'étude les phases modernes de la peinture française, et peu d'écrivains ont poussé leurs investigations au-delà du temps où apparurent Vouet et ses élèves. Il semble qu'aujourd'hui on veuille se départir de ces habitudes de réserve, pour ne pas dire d'insouciance. Personne n'a entrepris encore de nous présenter un tableau complet des révolutions de notre école, ni même de nous révéler formellement ses origines, mais le cercle des études s'élargit ; on recherche avec soin et l'on rassemble des documents qu'une longue négligence avait laissé s'enfouir ou se disséminer ; l'attention qu'on n'accordait qu'à une époque privilégiée, on la reporte maintenant sur d'autres moments et d'autres faits, et si l'histoire de la peinture en France est encore à tracer dans son ensemble, les matériaux pour la composer ne font déjà plus défaut à l'historien.

Parmi les publications qui auront facilité à cet historien futur l'accomplissement de sa tâche, les *Archives de l'Art français* méritent d'être citées comme un répertoire précieux auquel il ne manque pour être de tous points utile qu'un goût plus sévère dans le choix des pièces. On pourrait demander à M. de Chennevières et à ses collaborateurs de témoigner moins habituellement leur sympathie pour tout ce qui se rattache à l'art au temps de Louis XV, et le recueil qu'ils éditent, trop riche en lettres de Natoire par exemple, laisse ailleurs soupçonner une indigence qui n'est peut-être que le résultat de la distraction. Ne serait-il pas mieux aussi de dispenser avec moins de libéralité et de complaisance des renseignements sur les artistes morts depuis quelques années seulement ? Les *Archives de l'Art français* ont assez à faire d'enregistrer les détails relatifs aux artistes des temps passés : recueillir des faits si près de nous et auxquels d'ailleurs il n'est pas bien sûr que la postérité s'intéresse, c'est prendre un soin qui semble superflu. Cette publication est donc d'un certain côté un peu insuffisante, et, à d'autres égards, trop remplie. Telle qu'elle est cependant, on la consultera avec fruit, parce que les documents insérés, à défaut quelquefois d'une valeur historique fort sérieuse, se recommandent du moins par une parfaite authenticité.

Les pièces retrouvées et mises en lumière par M. Léon de Laborde dans son ouvrage sur *la Renaissance des arts à la cour de France* sont d'origine aussi peu suspecte. Elles ont de plus une grande importance, puisqu'elles éclaircissent un des points les plus curieux et en même temps l'un des plus ignorés de l'histoire de la peinture en France ; ce moment de lutte entre la manière italienne qui menace au XVIe siècle d'envahir notre école - et la manière nationale que les *portraitistes* surtout s'attachent à perpétuer. Pour faire sentir la portée de cette invasion et de ces résistances, il ne suffisait pas toutefois d'inventorier les travaux d'art exécutés dans les résidences royales, de relever les comptes des bâtiments et d'établir ainsi la part qu'avait eue chaque peintre aux faveurs et aux bienfaits des princes. Il fallait encore, et c'est ce que M. de Laborde a bien compris, définir les tendances de l'art à cette époque, examiner de près les talents qui les résument le mieux, et rectifier avec les erreurs chronologiques, les erreurs relatives aux œuvres mêmes et à l'estime qui leur est due. *La Renaissance des arts à la cour de France* est un livre qui satisfait à toutes ces conditions, Les productions de notre école au XVIe siècle n'y sont pas appréciées seulement au point de vue de l'archéologie, et l'habileté des trois Clouet entre autres, — famille de peintres dont M. de Laborde a le premier rétabli l'exacte généalogie, — a fourni à l'auteur plus d'un aperçu judicieux sur l'art du portrait en général et sur le mérite relatif des hommes qui l'ont pratiqué.

L'ouvrage de M. de Laborde nous montre où s'est arrêtée l'influence des peintres italiens appelés en France par François Ier : celui de M. Dussieux a pour but de constater l'action exercée à plusieurs époques par les artistes de notre pays sur l'art des divers peuples de l'Europe. Ce n'est pas qu'en traitant ce sujet tout a fait neuf d'ailleurs et très heureusement trouvé, l'auteur des *Artistes français à l'étranger* ait fait aux considérations générales une part assez large pour instruire complètement le lecteur ; il y a lieu de regretter au contraire qu'il ait cru devoir limiter à peu près son travail à une simple nomenclature. Cette longue liste de talents si diversement inspirés qu'ouvre au XIVe siècle le nom de Mathieu d'Arras et que celui de M. Horace Vernet clôt au XIXe, autorisait, nous le croyons, des commentaires plus étendus, et il n'eût pas été inutile d'indiquer, parallèlement aux mouvements suscités a l'étranger par les exemples de notre école, sa marche dans notre pays même, ses variations et ses progrès. On se croit d'autant plus le droit de reprocher à M. Dussieux l'extrême sobriété de sa méthode, que les rares explications où il s'échappe laissent pressentir un goût exercé et une saine critique. Le même système d'abstention se retrouve dans une, autre publication faite par M. Dussieux en collaboration avec quelques érudits, d'après les manuscrits conservés à l'École impériale des beaux-Arts et qui a pour titre : *Mémoires sur la vie et les ouvrages des membres de l'ancienne académie de peinture*. « Nous n'avons pas cru, disent les éditeurs dans l'avant-propos, devoir ajouter des notes que chacun d'ailleurs ferait d'une manière différente. » Ce serait au mieux si tous les lecteurs étaient en mesure de tirer la conséquence des faits exposés dans ces diverses biographies ; mais M. Dussieux et les érudits qu'il a associés à son travail semblent ne pas se souvenir assez qu'en ce qui touche l'histoire de la peinture française, notre éducation est tout entière à faire. La plupart d'entre nous n'ignorent pas seulement les détails concernant la vie de chaque peintre ; ils ont besoin encore qu'on leur explique la corrélation qui existe entre les œuvres appartenant à notre école et le génie même de celle-ci. Or, à l'exception du livre de M. de Laborde, les publications que nous avons mentionnées ont plutôt l'utilité de catalogues que l'autorité de jugements historiques. Elles peuvent satisfaire la curiosité des hommes qu'un apprentissage préalable a familiarisés avec les monuments de l'art national ; mais, quel que soit d'ailleurs leur mérite, il est douteux qu'elles suffisent pour généraliser dès à présent la connaissance précise des principes auxquels ont obéi les peintres de notre pays.

L'histoire de l'art en France soulève deux questions particulièrement dignes d'étude : — quelles sont les qualités distinctives de notre école ? — depuis quand avons-nous une école, et quelles périodes diverses peut-on distinguer dans son développement ? — C'est sur ces deux questions que nous interrogerons les auteurs des récents travaux sur la peinture française, et que nous présenterons aussi nos propres vues. Ce sera le moyen d'indiquer à la fois les conditions qu'on n'a pas suffisamment remplies dans les ouvrages publiés, et les exigences légitimes auxquelles des travaux plus complets devraient satisfaire.

Section I

On n'a jamais contesté à la France la gloire d'avoir produit de grands peintres, mais on a dit maintes fois et l'on répète encore que la peinture française, envisagée en général, manque d'unité et de tendances originales. Suivant l'opinion accréditée au XVIIIe siècle par Watelet et acceptée de nos jours en vertu d'une certaine inclination à sacrifier de trop bonne grâce les mérites qui nous appartiennent, l'art n'aurait en France qu'une physionomie d'emprunt, sinon même une physionomie négative. Notre école n'offrirait qu'une succession d'œuvres plus ou moins conformes aux exemples des autres écoles, une série de talents diversement influencés selon le goût de chaque époque, mais au fond sans foi traditionnelle, sans principes fixes et sans lien commun ; en un mot, ce qui la caractérise serait, pour ainsi parler, l'absence de tout caractère distinctif. Qu'on examine pourtant cette suite d'œuvres en désaccord au premier coup d'œil, on verra qu'en dépit de formes volontiers variables la peinture française a, elle aussi, ses immuables instincts, ses éléments et sa vie propres, et que la lignée de nos artistes est bien d'origine nationale et légitime, quoique certains traits de ressemblance accusent çà et là des alliances étrangères ou de secrètes affinités.

Certes, s'il fallait diviser les peintres de tous les temps et de toutes les écoles en deux classes seulement, — les dessinateurs et les coloristes, — on rattacherait à l'un ou à l'autre de ces groupes les maîtres français et leurs élèves plus malaisément que les peintres d'aucun pays. Leurs efforts n'ont pas pour objet unique ou cette fermeté dans la forme, beauté principale des productions florentines et romaines, ou cette science de l'harmonie qui fait la puissance des Vénitiens et des Flamands. L'école française d'ailleurs n'a ni le génie ouvertement idéaliste de quelques écoles italiennes, ni les penchants réalistes des écoles des Pays-Bas : elle ne reflète pas plus les aspirations mystiques de l'art allemand qu'elle ne montre de goût pour le sombre ascétisme et les pieuses guenilles de l'art espagnol : toutefois elle sait profiter à ses heures d'exemples si dissemblables. Rien de moins absolu sans doute que sa méthode, rien de plus facile à dénoncer que les importations de toute sorte dont elle s'est successivement enrichie ; mais il en est de l'art français comme du sol même de la France : tout s'y implante et y fructifie, et la même contrée où s'acclimatent les sapins et les oliviers peut, dans le domaine intellectuel, s'assimiler les produits du nord aussi bien que ceux du midi.

Henri Delaborde

L'école française de peinture procède donc, au moins dans la forme, par voie d'éclectisme, tout en gardant un fonds de qualités natives, ses franchises et ses conditions de prééminence. Cette supériorité que le siècle où nous vivons lui assure encore, elle la tient de la raison, du sentiment exact de toutes les convenances, de sa foi en un certain bon sens général sur lequel elle s'appuie pour mettre en relief le vrai plutôt que le réel, l'intention morale plutôt que le fait pittoresque. La peinture en France est aussi peu technique que possible ; elle parle la langue non d'un art spécial, mais la langue commune des idées ; aussi les tableaux appartenant à notre école sont-ils plus directement que les autres à la portée de toutes les intelligences. Il faut être doué d'une pénétration exceptionnelle pour comprendre dès la première vue les œuvres de Michel-Ange ou d'Albert Durer, de Rembrandt ou de Murillo. Les partis-pris de l'exécution, les témérités de style propres à chacun de ces maîtres permettent au moins à l'admiration d'hésiter et peuvent déconcerter d'abord la sympathie. Personne au contraire, si rapide que soit l'examen, ne se méprendra sur la signification d'un tableau de Poussin, de Lesueur ou de quelque autre maître français, tant l'art matériel s'efface ici devant l'évidence de la pensée, tant les moyens employés sont loin de préoccuper et de distraire. On a bien souvent comparé la peinture à la poésie, et assez de gens depuis Horace nous ont redit que les éléments des deux arts sont les mêmes. Soit, mais à condition de ne voir l'analogie que là où elle existe réellement, et donc pas accoler dans un même faisceau toutes les palettes et toutes les lyres ! Mettez Giotto et ses élèves en regard de Dante et même de Pétrarque, rapprochez le Tintoret de l'Arioste ou Corrège des poètes élégiaques, — rien de mieux ; on peut constater des signes de parenté entre ces imaginations que l'idéal poétique sollicite avant tout et qui, à des degrés divers, se nourrissent de leur propre fantaisie. En revanche, on rencontrerait parmi les peintres qui se sont succédé en France peu de poètes, à prendre ce mot dans le sens d'hommes capricieusement inspirés. Même lorsqu'elles revêtent une forme allégorique, les idées qu'exprime leur pinceau ont je ne sais quoi de raisonnable et de pratique qui accuse les conseils de la philosophie beaucoup plutôt que les suggestions de la Muse, et s'il fallait trouver à notre école de peinture son équivalent dans l'ordre littéraire, ce serait à l'ensemble de nos écrivains en prose qu'il conviendrait de la comparer.

Ne peut-on dire en effet que les peintres français sont dans leur art des prosateurs excellents, et que leur style, comme celui de nos classiques, est avant tout sobre, clair et précis ? La profondeur des intentions sous une apparence simple ou discrètement ornée, le tour ingénieux et le goût de l'exactitude en toutes choses, tels sont les caractères auxquels se reconnaissent les œuvres de notre école : école de penseurs et de graves talents, où l'on semble attacher à ce qui est sage autant de prix pour le moins qu'à ce qui est beau, où l'on veut persuader plus encore que séduire. De là, il est vrai, quelque excès d'analyse parfois dans le mode de composition, quelque chose dans l'exécution de trop formel et pour ainsi dire de dogmatique, dont le regard s'éprendra plus difficilement que l'esprit ; mais aussi rien d'inachevé ni d'expressif à demi. Il se peut qu'ébloui par le luxe pittoresque qui brille dans d'autres travaux, on trouve relativement peu d'éclat aux tableaux des peintres français ; peut-être même cette manière réservée, méthodique jusque dans la verve, sera-t-elle accusée d'impuissance ou de froideur : si l'on réfléchit pourtant aux conditions fondamentales de la peinture, on s'aperçoit que les qualités absentes ne sont à tout prendre que des qualités secondaires. On revient, aux ouvrages de nos maîtres, parce qu'ils relèvent principalement de la pensée ; on y revient d'autant plus sûrement, qu'on a mieux étudié les systèmes des différentes écoles, et, quelle que soit à certains égards la supériorité de celles-ci, on sent que la nôtre se recommande entre toutes par la portée morale des œuvres et une haute intelligence de l'expression.

Ce goût sain et ce remarquable bon sens, communs à la littérature et à la peinture françaises, se retrouvent au reste dans les autres monuments de l'art national, et constituent l'unité de sa physionomie. L'architecture de nos anciennes églises, des palais et des châteaux, est pleine d'imagination et de grandeur. Niera-t-on que cette imagination soit strictement réglée par la convenance ? Cette grandeur n'est-elle pas toujours judicieusement calculée ? Il n'est pas jusqu'aux édifices construits en France aux époques les plus désordonnées qui ne gardent une apparence de correction et de mesure dont les édifices contemporains bâtis dans d'autres pays sont absolument dépourvus. Au moment où le style ogival corrompu auquel on a donné le nom de « gothique fleuri » se substitue partout au style ogival pur, combien l'art français, même durant cette période d'abaissement, reste préférable encore à l'art des Pays-Bas, de l'Allemagne ou de l'Espagne ! Lorsque, deux siècles plus tard, l'architecture se déprave en Italie sous l'influence des Borromini et des Bernin, en France on n'accepte la manière romaine que pour en tempérer la licence par un reste de netteté et de modération dans le style. Il est rare, quelle que soit la date des monuments, que la fantaisie pour la fantaisie, l'art pour l'art, comme on dit aujourd'hui, aient inspiré les architectes de notre pays. Ce qui les dirige le plus ordinairement, ce qui prédomine dans la plupart des œuvres qu'ils ont laissées, c'est l'esprit de retenue et la recherche de la précision.

La sculpture française n'a que des principes et des coutumes analogues. En général, la beauté matérielle a été considérée par nos statuaires comme moyen et non comme but ; leur ciseau, en modelant des formes, prétend surtout rendre des pensées. L'expression, tantôt forte, tantôt élégante, mais toujours juste et claire, n'est-elle pas la qualité qu'il faut admirer le plus dans les morceaux des XIIIe et XVe siècles, comme dans les travaux de Jean Goujon et de Puget ? Veut-on d'autres exemples ? Depuis les auteurs inconnus de tant de statues qui ornent les églises du moyen âge jusqu'aux artistes de la renaissance, et depuis ceux-ci jusqu'à Houdon, quelle riche suite de sculpteurs *portraitistes* ! Cette science de la ressemblance intime, cette faculté de donner à un portrait physique une signification immatérielle, d'où procèdent-elles, sinon du besoin, commun à tous nos artistes, d'envisager surtout le côté moral de l'œuvre, et de ne rien laisser d'indéfini ? l'art musical lui-même est traité dans notre pays en vertu de ces doctrines, ou plutôt de ces instincts. Le genre de musique qui n'éveille que des sensations vagues et une admiration indéterminée, la musique qui commence là où finit le langage, n'est pas le fait des compositeurs français. Aussi aucun d'eux n'a-t-il excellé dans la symphonie. Plus d'un au contraire a écrit des chefs-d'œuvre pour le théâtre, parce qu'il s'agissait alors d'un sens net à formuler, de sentiments précis à traduire. Quels que soient les moyens d'exécution employés, la raison aiguisée par l'esprit, le don ou la science de l'expression sont des qualités éminemment françaises. C'est là, il faut le répéter, le caractère dominant de l'art national et l'unité principale de tous les contrastes qu'il embrasse.

Si l'on suit la marche de notre école de peinture depuis ses premiers progrès jusqu'à l'époque actuelle, il n'est pas difficile de reconnaître partout les mêmes tendances et le même mélange de spéculation et d'intelligence pratique. La peinture s'est bien souvent transformée en France ; mais tout en subissant tantôt l'influence italienne, tantôt d'autres influences, jamais elle ne dément, par un revirement absolu, son génie propre et ses origines. Malgré la similitude extérieure qui existe entre les types et les reproductions, il y a toujours dans celles-ci quelque chose de foncièrement indépendant, quelque forte empreinte du goût national. Ainsi les paysages peints par les maîtres français du XVIIe siècle témoignent d'assez larges emprunts faits au Dominiquin et aux Carrache ; cependant, tout en rappelant les formes du style bolonais, l'art de Poussin, de Gaspard Dughet, de Claude Lorrain, n'a-t-il pas une animation et pour ainsi dire une vie morale qui manquent à l'art dont il procède ? Il en est de même dans un autre ordre de peinture et dans une série d'ouvrages inspirés par de plus humbles modèles. Nos peintres de genre se sont formés à l'école des peintres hollandais et flamands ; ne faut-il pour cela voir en eux que des copistes, et n'ont-ils pas amplement suppléé à ce que les travaux de leurs maîtres pouvaient laisser de vide ou d'insuffisant pour l'esprit ? A coup sur, les petites toiles de Metsu, de Terburg, de Téniers et de bien d'autres peintres du même pays sont, au point de vue de l'exécution, de véritables chefs-d'œuvre : elles méritent d'être proposées à l'étude à titre d'images merveilleusement fidèles, et les « magots » que Louis XIV jugeait avec raison peu propres à orner un palais trouveront utilement leur place dans les musées et dans les galeries ; mais, en dehors de la leçon technique, quel profit peut tirer le spectateur de l'art compris et pratiqué ainsi ? Les peintres français, en choisissant à leur tour dans la vie familière leurs sujets et leurs modèles, n'étaient pas gens à se contenter de cette exactitude de procès-verbal. Là, comme ailleurs, ils n'entendaient admettre le fait qu'en se réservant de l'interpréter, ils se refusaient à circonscrire l'art dans les limites étroites de l'imitation littérale. Parfois, il est vrai, la méthode d'interprétation tourne à l'abus, et dégénère, sous couleur de sentiment, en dérèglement pittoresque : les tableaux qu'ont laissés Watteau et son école ne se distinguent pas, on le sait de reste, par une irréprochable correction, et les négligences qui les déparent font d'autant mieux ressortir la perfection du faire dans les tableaux hollandais ou flamands ; toutefois n'accusent-ils pas aussi clairement l'insignifiance radicale de cette peinture matériellement si châtiée, et, défauts pour défauts, lesquels doit-on le plus aisément pardonner, de ceux qui, résultant de la vivacité de l'esprit, ne sont inhérents qu'à la forme, ou de ceux qui, sous une forme accomplie, trahissent l'infirmité du goût et l'impuissance de la pensée ?

D'ailleurs, même en ce qui concerne la partie matérielle de l'art, il ne serait guère juste de sacrifier indistinctement aux peintres des Pays-Bas tous les peintres de genre appartenant à notre école. Plusieurs de ceux-ci pourraient être comparés sans désavantage aux *petits maîtres* les plus renommés, et il est au moins présumable que les groupes de *nature morte* peints par François Desportes et par Chardin ne perdraient pas beaucoup au voisinage des toiles de même sorte qu'ont signées Sneyders ou Wenix : mais ne marchandons pas

Henri Delaborde

sur ce point. Qu'il soit malaisé de citer parmi les artistes français beaucoup de praticiens aussi habiles que les artistes nés à Anvers ou à Amsterdam, d'accord ; en revanche, n'est-ce pas dans notre école seulement qu'il faut chercher les talents expressément spirituels, les observateurs délicats, les vrais peintres de mœurs ? Où sont les équivalents de Lancret, de Fragonard, de Moreau, et, de notre temps encore, que pourraient opposer les écoles étrangères à ces mille petites scènes de la vie parisienne que retracent chaque jour le pinceau ou le crayon, à ces ingénieuses esquisses qui sont en quelque sorte à la peinture de haut style ce que les proverbes sont aux drames ?

En face de tant de témoignages de forces vives et d'aptitudes particulières, on serait mal venu à prétendre que l'école française n'a qu'une vie factice et une originalité contestable. Rien de moins douteux au contraire que le genre de mérite qui la distingue. Les œuvres de nos grands maîtres à toutes les époques doivent être considérées comme l'expression souveraine de la raison dans l'art, les œuvres de nos peintres secondaires comme l'expression de la sagacité, du tact et de l'esprit. Pour résumer en deux termes extrêmes les caractères de la peinture nationale, on peut dire qu'il serait également difficile de retrouver dans les productions d'aucune école la profonde pensée de Poussin ou la piquante véracité de Charlet.

Section II

Peut-être est-ce à cette double veine, à ces habitudes de gravité et de finesse que l'art français doit, outre sa valeur morale, son importance et son développement continus. Les traditions sur lesquelles il se fonde, et qui intéressent surtout le bon sens, se perpétuent plus sûrement que les exemples proposés ailleurs à l'enthousiasme. Que l'on parcoure l'histoire des autres écoles, on verra la décadence absolue suivre presque immédiatement la venue des peintres illustres, parce que l'imagination pittoresque, surexcitée par de tels modèles, prétendait se passer du raisonnement. Partout les imitateurs acceptent à titre de principes ce qui n'a été chez les maîtres que la forme d'un sentiment purement personnel ; partout une période d'épuisement est la conséquence directe et comme le châtiment de ce système d'imitation à outrance. Les écoles des Pays-Bas ont à peine survécu à Rubens et à Rembrandt. Un quart de siècle après la mort de ces deux grands artistes et au lendemain de la mort de leurs élèves, elles en étaient réduites à se glorifier de la chétive habileté des Van Kessel et des Schalken.

En Espagne, il y a un beau moment, mais un seul. Sauf quelques rares faits antérieurs, le règne de Philippe IV et la première moitié du règne de Charles II résument toute l'histoire de la peinture au-delà des Pyrénées. À partir de cette époque, on compte encore à Madrid ou à Séville des académies de beaux-arts et force académiciens, mais on ne compte plus d'artistes, et lorsque Charles III monte sur le trône, la disette est si grande, que pour trouver un « premier peintre » le roi est obligé de jeter les yeux sur l'Allemand Raphaël Mengs.

Était-ce donc que l'Allemagne fût alors si richement pourvue, qu'elle pût, sans se dépouiller, prêter de son bien aux autres nations ? Loin de là. L'école allemande se soutenait à grand' peine en empruntant maintenant à l'Italie les ressources qu'au temps d'Albert Dürer elle tirait de son propre fonds, et ce même Raphaël Mengs, en qui ses contemporains saluaient un homme de génie, n'était, à tout prendre, qu'un pâle imitateur de la manière romaine. La période durant laquelle la peinture allemande a vécu de sa vie propre est assez courte et ne dépasse guère les premières années du XVIe siècle. Après la mort d'Albert Dürer, Aldegrever, Albert Altdorfer et quelques autres luttent, il est vrai, pour conserver à l'art sa nationalité ; mais cet art, d'abord si indépendant, si formellement original, n'est bientôt plus représenté que par des talents façonnés sur des patrons étrangers : l'école fondée par le maître de Nuremberg semble, dès la seconde génération, s'absorber dans l'école italienne. Les choses n'ont pas très sensiblement changé depuis lors, et, — si incontestable que soit d'ailleurs leur mérite, — ne voyons-nous pas aujourd'hui MM. Overbeck, Cornélius et leurs élèves demander à l'Italie quelque chose de plus que des inspirations ?

Certes on aurait mauvaise grâce à reprocher aux peintres anglais cette étude trop assidue, ce culte des lointains modèles. La qualité qui leur manque le moins, on le sait, est la fidélité aux exemples qui se sont produits sous leurs yeux ; seulement il est permis de dire que, poussé à ce point, le respect de la manière traditionnelle ressemble fort à un aveu d'impuissance. L'école anglaise n'existait pas, à proprement parler, avant Reynolds. Hormis Hogarth et Thornhill à la rigueur, aucun peintre remarquable n'avait encore paru à Londres qui n'y fût venu du continent ; depuis un siècle à peine, l'école anglaise a commencé à prendre rang parmi les écoles de peinture. Comment, si près encore de sa naissance, est-elle entrée déjà dans une période de déclin ? Parce qu'au lieu d'interpréter les découvertes faites par Reynolds, Gainsborough et plus récemment par Lawrence et le paysagiste Constable, les peintres anglais n'ont profité de ces découvertes que pour se dispenser de sentir. Ils ont beau multiplier les produits ; ils ne font, à quelques exceptions près, la plupart du temps, qu'augmenter le nombre des redites, et même la prétendue réforme que tente aujourd'hui la secte des *préraphaélites* n'aura peut-être d'autre résultat qu'une nouvelle transformation du pastiche.

En Italie enfin, n'est-ce pas l'abus de l'imitation matérielle qui a énervé et anéanti l'art le plus beau qu'aient vu fleurir les âges modernes ? Chacun connaît les immortels témoignages de sa puissance, les chefs-d'œuvre de ces maîtres, les premiers du monde ; mais se souvient-on assez que le règne des peintres excellents a amené dans toutes les écoles italiennes une ère d'avilissement et de rapide décadence ? Voyez ce qui se passe à Florence après Michel-Ange, à Rome après Raphaël, à Parme après Corrège, dans chaque lieu où quelque grand artiste a laissé trace de son génie et frayé à ses successeurs une route nouvelle. Tout effort cesse, tout s'immobilise. Les héritiers des maîtres copient à satiété les surfaces de la manière inaugurée par ceux-ci, et semblent prendre à tâche d'user dans cette pauvre besogne leur propre réputation et la gloire de leurs modèles. C'en est fait dès lors des écoles italiennes. Leur fécondité stérile pourra faire illusion quelque temps encore, mais le culte du procédé a tari en elles la source vive. Partout les grands peintres, après avoir surgi vers la même époque, ont presque simultanément disparu, et les dernières années du XVIe siècle ne se sont pas encore écoulées, qu'une foule d'élèves dégénérés, en prétendant embrasser la cause de leurs maîtres, n'arrivent qu'à trahir la cause de l'art et à précipiter sa ruine.

Rien de pareil dans l'histoire de la peinture en France. À certains moments, il est vrai, les succès d'un artiste éminent peuvent, en éveillant l'esprit d'imitation, suspendre la marche de l'école : l'empire exercé en ce sens par Lebrun ou, plus près de nous, par David, prouve que les peintres de notre pays ne savent pas toujours se préserver de l'engouement et de la routine ; mais cette manie, qui ailleurs conduit à la mort, n'est ici qu'une fièvre passagère, une maladie dont on revient. L'art français renaît vivace et sain après chaque période de langueur, tandis que l'art étranger, une fois hors de la bonne voie, a rarement la force d'y rentrer. Mieux qu'aucune autre, notre école sait allier dans une juste mesure l'étude des anciens modèles et la recherche des qualités conformes au mouvement intellectuel de chaque époque, le respect des règles fixes de l'art et l'instinct de ses conditions variables. C'est à cette souplesse d'intelligence en même temps qu'à ces convictions immuables qu'il convient d'attribuer sa longue durée et le rang qu'elle occupe aujourd'hui. Elle est, — qui songerait à le nier ? — la première entre les écoles contemporaines, et depuis six siècles elle existe, inégalement riche sans doute, mais en tout temps fort au-dessus de l'indigence. Six siècles, avons-nous dit : on se récrie, faisons le compte.

À en croire la plupart des historiens, le premier peintre digne de considération dans notre pays serait Jean Cousin, en qui on a coutume de montrer une sorte de Cimabue français, un prophète sans précurseurs apparaissant au milieu de ses compatriotes pour tirer l'art de la barbarie. Il suivrait de là qu'avant la seconde moitié du XVIe siècle à peu près, le rôle de la peinture en France avait été purement négatif, et qu'à l'époque où l'Italie venait d'enfanter ses plus savants artistes, ici l'on en était encore à attendre la venue d'un homme de talent et un commencement de doctrine. Que fait-on cependant de ces mille miniaturistes qui se succédèrent dans les couvents à partir du règne de saint Louis, — pour ne citer que les plus habiles, sans parler des plus anciens [1], — et qui nous ont légué une admirable suite de travaux diversifiés par la manière, mais réunis entre eux par la piété des intentions, par l'ingénuité du sentiment et la précision du style ? Faut-il oublier aussi que, depuis l'origine de la peinture sur verre, nous avons été maîtres dans un art où les Italiens eux-mêmes ne se sont essayés qu'avec un médiocre succès ? Malheureusement il en est de nos peintres verriers du moyen âge comme des moines qui enrichissaient de miniatures les manuscrits : ils ont laissé des chefs-d'œuvre, mais ils n'ont pas laissé de noms, et l'attention se porte malaisément, dans notre pays, sur les talents anonymes. Enfin il n'est que juste de réclamer une part d'honneur et de souvenir pour ces peintres de portraits qui, vers la fin du XVe siècle et au commencement du XVIe, continuèrent dans un art nouveau les traditions de naïveté et de finesse que la peinture sur vélin avait d'abord popularisées : artistes si obstinément français par le goût et par les principes, que l'invasion de la manière italienne ne semble pas même les avoir émus, et qu'en dépit du Rosso et de la turbulente école qui s'agitait à Fontainebleau, ils ne songèrent ni à renier la foi de leurs maîtres, ni à se détourner de leur modeste voie.

Le livre de M. Léon de Laborde, *la Renaissance des arts à la cour de France*, venge, nous l'avons dit, ces sages artistes de l'oubli où étaient tombés, sinon tous leurs ouvrages, au moins les faits relatifs à leur existence et quelquefois leurs noms. Déjà M. Vitet, dans sa belle étude sur Eustache Lesueur [2], avait consacré quelques pages à la réhabilitation de la manière française telle que la représentent les *portraitistes* du XVIe siècle. Les recherches de M. de Laborde achèvent d'éclaircir la question, et nous apprennent de plus que cette habileté dans l'art du portrait, tout en étant le titre principal des peintres attachés à la cour depuis le règne de François Ier jusqu'à celui de Henri IV, n'était pas pour cela leur titre unique. Antoine Caron par exemple, connu jusqu'ici comme peintre de portraits, « exécutait des tableaux de bataille de quinze pieds de long [3], » tandis que Nicolas Labbé et Camille Labbé, son fils, peignaient sur la frise d'une salle, « lors de l'entrée du roi à Paris en 1570, seize tableaux d'histoire et de figures poétiques d'après les indications des poètes Ronsard et Dorat. Or cette frise avait dix pieds de haut sur cent trente-deux pieds de long. » On peut juger d'après ces faits de l'activité et de l'abondance d'une école qui joignait d'ailleurs à ces mérites une incomparable finesse et une naïveté de sentiment très préférable à la manière outrée des Florentins venus en France. Ajoutons qu'aujourd'hui même la publication que poursuit M. Niel des *Portraits des personnages français les plus illustres du seizième siècle* vient mettre les pièces du procès sous les yeux de tous. Il est donc permis d'espérer que, grâce à cette coïncidence, entre la publication du livre de M. de Laborde sur *la Renaissance* et la reproduction par le burin des portraits les plus précieux de l'époque, notre longue indifférence pour les dignes aïeux de notre école cessera une fois pour toutes, et que les noms des Clouet, entre autres, trouveront place dans nos souvenirs à côté du nom de Jean Cousin.

Loin de nous cependant la pensée de chercher à amoindrir la gloire de ce nom si justement célèbre ! Même lorsqu'on n'envisage Jean Cousin que comme peintre, sans tenir compte ni de la science théorique qu'attestent ses écrits, ni de l'habileté de son ciseau, — habileté dont la statue de l'*amiral Chabot* offre un éclatant témoignage, — le moyen de méconnaître ce qu'un pareil talent a de magistral et de vraiment inspiré ? Il suffit d'examiner *le Jugement dernier*, que possède le musée du Louvre, pour apprécier le haut mérite d'un artiste à qui l'on ne saurait contester une des premières places parmi les peintres antérieurs à Poussin, mais qu'il n'est pas beaucoup plus juste d'isoler absolument des peintres après lesquels il apparut, ou de confondre, comme on le fait souvent, avec les imitateurs déclarés de la méthode italienne. M. L. de Laborde lui-même semble partager cette opinion ou plutôt, qu'il nous passe le mot, ce préjugé, et l'on a peine à comprendre pourquoi il refuse au peintre du *Jugement dernier* ce courage de la résistance qu'il accorde, à bon droit d'ailleurs, à Janet. On vit céder, dit-il en parlant de l'influence exercée par l'école de Fontainebleau, « un sculpteur de la trempe de Michel Colombe, un peintre fort et fécond comme Jean Cousin. » C'est trop dire. Que celui-ci ait voulu profiter, surtout vers la fin de sa vie, des exemples importés par les Florentins, rien de plus vrai ; mais il s'en faut que ces exemples l'aient subjugué, et s'il céda, comme le pense M. L. de Laborde, ce fut du moins en faisant bien des réserves. Jean Cousin se distingue de ses devanciers par la largeur, italienne si l'on veut, de l'ordonnance pittoresque : ne faut-il pas reconnaître toutefois que, pour le sentiment et le fond des pensées, il a suivi fidèlement les errements de notre vieille école ? Est-ce en étudiant la manière pédantesque du Rosso ou la manière fastueuse du Primatice qu'il a dû prendre goût à la sagesse et à la correction du style, à la simplicité de l'expression, à cette sobriété en toutes choses qui recommande ses ouvrages autant pour le moins que la puissance du pinceau ?

Jean Cousin, né à une époque où la peinture sur verre et la miniature n'avaient pas cessé, depuis trois cents ans, d'être pratiquées avec éclat, où le nombre de *portraitistes* habiles était déjà considérable, Jean Cousin n'est donc ni le premier peintre qui ait illustré l'art de notre pays, ni un talent formé ou radicalement converti par les maîtres venus de Florence. Tout au plus est-il permis de voir en lui un allié de ceux-ci ; mais ses ancêtres sont en France, et, si glorieux que soit le descendant, on ne saurait annuler au profit d'un seul les droits antérieurs de toute la famille. Assigner, suivant la coutume, pour point de départ à notre école l'époque où il commença à travailler, c'est raccourcir de gaieté de cœur un long et très honorable passé, c'est traiter l'histoire de la peinture française comme Boileau traitait l'histoire d'un autre art, lorsque, pour mieux célébrer Malherbe, il supprimait d'un trait de plume les titres littéraires de tous les prédécesseurs du poète. Il faut se rappeler en outre que les émaux de Limoges, les tapisseries d'Arras, — avant que l'Artois fût annexé aux possessions de la maison d'Autriche, — popularisaient dans tous les pays de l'Europe les talents de nos peintres et que les Italiens eux-mêmes semblaient reconnaître l'infériorité de leurs propres produits en donnant aux tapisseries historiées le nom générique d'*arrazzi*, à la peinture en émail la qualification de « procédé français. » Quant aux œuvres de nos miniaturistes et de nos maîtres verriers, elles furent de tout temps fort admirées au-delà des Alpes. Dante, pour rendre hommage à l'habileté d'Oderigi da Gubbio, voit en lui un disciple de « l'art qu'on appelle à Paris enluminure [4], » et Vasari, dans la *Vie de Guillaume Marcillat*, dit textuellement : « Lorsque le pape Jules II, voulant orner de vitres peintes les fenêtres de son palais, donna l'ordre à Bramante de s'adresser aux plus savants artistes, celui-ci n'ignorait pas que les Français faisaient en ce genre de peinture des choses merveilleuses. » Guillaume et l'un de ses compatriotes, maître Claude, furent donc appelés à Rome non-seulement pour y peindre les verrières du Vatican, mais aussi pour y tenir école et propager les secrets de cet art, qu'ils pratiquaient mieux que personne.

Ainsi, même au temps où l'Italie était le plus en fonds de grands talents, elle recourait, pour certains travaux d'un ordre spécial, à la science et aux leçons des artistes de notre pays. C'est ce que prouvent clairement les noms et les documents recueillis par M. Dussieux. Avant de mentionner Guillaume Marcillat, que, soit dit en passant, il appelle avec raison « l'un des grands peintres de son siècle, » mais qu'il appelle improprement Guillaume de Marseille [5], l'auteur des *Artistes français à l'étranger* nous apprend que, vers le milieu du XVe siècle, le miniaturiste Jean Foucquet était allé peindre à Rome, le portrait du pape Eugène IV pour l'église des dominicains de la Minerve. Or, précisément à cette époque, Fra Angelico venait de produire ses plus beaux ouvrages, et les dominicains, éclairés par les admirables talens de leur frère, n'étaient pas gens sans doute à se montrer peu difficiles ou à confier un travail de cette importance au premier artiste venu. Si donc Jean Foucquet fut choisi, c'est qu'apparemment on jugea qu'il n'y avait pas alors en Italie un miniaturiste aussi habile que l'artiste français, artiste de premier ordre en effet, et dont les œuvres, malheureusement bien rares, sont des modèles achevés d'animation paisible et de délicatesse. À plus forte raison, lorsque l'art italien commence à décliner et que notre école du XVIIe siècle marche en sens inverse de cette décadence, l'influence française règne-t-elle avec autorité de l'autre côté des monts. Même avant la mort du Dominiquin, quels peintres les souverains et les grands seigneurs emploient-ils de préférence quand il s'agit de décorer un palais, d'ajouter aux richesses d'une galerie ou de faire don à une église de quelque tableau ? A Gênes Simon Vouet, à Venise Jacques Blanchard, à Florence Jacques Stella, à Rome Poussin, Claude Lorrain, Dughet, Pierre Mignard, Valentin, sans compter des artistes moins renommés, comme Jean Lemaire, Nicolas de Bar et, un peu plus tard, Jacques Courtois, dit *le Bourguignon*. On croirait que cette colonie d'étrangers a pour mission de couvrir le dénuement de l'école italienne, et que celle-ci ne peut plus recevoir désormais qu'un lustre d'emprunt aux lieux mêmes où s'étaient succédé les plus beaux témoignages de sa gloire. Cent ans plus tard, la situation n'a pas changé. Ce sont encore les peintres venus de France qui tiennent à Rome le premier rang, ou plutôt qui représentent à eux seuls la peinture en Italie. Joseph Vernet, par exemple, n'est-il pas le véritable chef de l'école romaine à cette époque, et, toute proportion gardée entre la valeur personnelle des deux artistes, ne peut-on comparer le rôle du célèbre peintre de marine à celui de Poussin dans le siècle précédent ?

L'influence exercée sur l'art de tous les pays de l'Europe par des hommes ou par des œuvres appartenant à notre école fut immense à partir du règne de Louis XIV jusqu'à la fin du règne de Louis XVI ; elle n'a guère diminué depuis lors, mais les faits qui la déterminent sont trop nombreux pour trouver place ici. Qu'il nous suffise de dire, après M. Dussieux, qu'en Allemagne comme en Angleterre, en Espagne comme en Suède et en Russie, partout enfin où les souverains veulent instituer une école des beaux-arts ou se choisir un premier peintre, ils font appel à des maîtres français. De leur côté, les artistes étrangers ne se lassent pas de demander à la France des leçons, des encouragements ou des suffrages, et le titre qu'ils aspirent à obtenir comme une récompense suprême est celui de membre de l'Académie royale de peinture établie à Paris.

Quelle était donc cette corporation à laquelle le privilège de la gloire semblait exclusivement réservé ? Les *Archives* publiées par M. de Chennevières et les *Mémoires* tirés des manuscrits conservés à l'École des Beaux-Arts fournissent à ce sujet d'utiles renseignements, que complètent d'ailleurs d'autres pièces sur l'histoire de l'Académie récemment mises en lumière par M. de Montaiglon [6].

La création de l'Académie royale de peinture sous le règne de Louis XIV, — création antérieure de quelques années à la fondation des Académies des inscriptions et des sciences, — avait eu pour but d'isoler les peintres artistes des peintres artisans avec lesquels ils demeuraient jusque-là à peu près confondus. À cette époque de règle et d'ordre, il eut été difficile qu'on négligeât d'établir une distinction formelle entre les deux classes, et qu'on laissât des gens dont toute l'industrie se bornait à dorer ou à enluminer les statues des saints dans les églises s'attribuer, comme par le passé, les mêmes prérogatives que les peintres auteurs de tableaux. D'ailleurs, le roi ou ses ministres n'eussent-ils pas songé à se prononcer sur ce point, il existait alors un artiste qui n'était pas homme à se taire ni à revendiquer faiblement ses droits. Lebrun les réclama donc tant par lui-même que par l'organe des amis qui l'appuyaient déjà à la cour ; il mit en campagne les plus remuants de ses confrères et ne se fit faute pour son propre compte ni de requêtes, ni de mémoires ; bref, un arrêt du conseil daté de 1648 constitua l'Académie conformément au plan présenté, c'est-à-dire que douze fondateurs, désignés sous le titre d'*anciens*, furent seuls autorisés à tenir école de peinture et de sculpture, et qu'on nomma en outre quatorze académiciens pour faire cortège en quelque sorte à ces professeurs patentés. Notons en passant que dès le début les artistes étrangers furent appelés à prendre place à côté des artistes français, puisque parmi les vingt-six membres inscrits sur la liste primitive on compte cinq peintres et un sculpteur originaires des Pays-Bas.

Lebrun, dont le nom, cela va sans dire, figurait en tête de tous les autres y compris celui de Lesueur, avait réussi à se soustraire, lui et ses confrères, au joug humiliant de l'ancienne communauté. Grâce à l'activité de ses démarches, une barrière légale venait de séparer l'art du métier, les académiciens royaux des simples jurés de la maîtrise, — c'est ainsi que se nommaient les gérants de cette communauté ; — mais tout n'était pas dit pour cela. Le mauvais vouloir des jurés, les procès où l'on s'engage semblent compromettre pendant quelque temps l'influence de la nouvelle compagnie : il ne fallut pas moins que l'esprit d'obstination et les habiles manœuvres de Lebrun pour tenir tête à ces difficultés sans nombre et pour avoir raison de ces cabales. Tout finit par s'apaiser cependant. Après bien des luttes au dehors et quelques scissions à l'intérieur, l'Académie, réorganisée en 1663 sous la protection de Colbert, n'a plus, à partir de cette époque, ni intrigues à déjouer, ni ennemis sérieux à combattre. Il lui arrive bien encore de rencontrer parfois quelques rancunes ou d'avoir affaire à des gens de difficile humeur : témoin Pierre Mignard, qui, en sa qualité de « prince de l'Académie de Saint-Luc, » - titre pompeux sous lequel il abritait à la fois sa vanité et celle des jurés de la maîtrise, — prétend traiter avec Lebrun de puissance à puissance, et ne consent à faire partie de l'Académie royale qu'après la mort de celui-ci. Encore faut-il pour vaincre ses répugnances qu'on le nomme par ordre du roi, et dans une seule séance, académicien, recteur, chancelier et directeur à la place de ce même Lebrun dont les façons d'agir semblent presque modestes au prix d'une telle arrogance et de ces airs de souverain. En général, cependant, les artistes qui se succèdent en France depuis le règne de Louis XIV jusqu'à la fin du XVIIIe siècle sont loin d'afficher de pareils dédains et de croire qu'il y ait chance de salut pour eux en dehors de l'Académie. Tous au contraire s'empressent d'y solliciter une place comme la sanction nécessaire de leurs talents, et cet empressement est d'autant plus facile à comprendre que les seuls académiciens avaient le droit d'exposer leurs ouvrages au salon [7]. Pas un peintre remarquable, si ce n'est toutefois Lantara, dont le nom ne figure sur la longue liste des membres successivement élus, pas un talent d'une certaine valeur qui ne vienne à son tour ajouter ou emprunter quelque chose à l'illustration de la compagnie. David lui-même, en dépit de ce rôle révolutionnaire qu'il prit dès le début dans le domaine de l'art et qu'il allait bientôt continuer, — avec quel emportement, on le sait, — sur un autre théâtre, David tient à honneur, en 1783, d'obtenir les suffrages de ceux qu'il appelle encore ses maîtres. Ce n'est qu'au moment où l'Académie, battue en brèche comme tout ce qui subsiste du passé, va s'écrouler et faire place à la *commune générale des arts*, qu'il refuse de siéger plus longtemps parmi les membres de cet « ordre de la noblesse, » comme disait un autre ingrat, le peintre Jean-Bernard Restout. « Je fus autrefois de l'Académie, » écrit pour toute réponse David à ses confrères qui lui rappelaient qu'en vertu des règlements, son tour était venu de professer [8], et en se démettant ainsi de ses fonctions il entend bien avertir l'académie elle-même qu'elle ait à suivre son exemple. L'Académie osa résister cependant à cette menaçante injonction ; elle attendit quelques mois encore que le peintre des *Horaces*, tombé au rang des courtisans de Robespierre, la dénonçât à la convention comme entachée d'aristocratie et de despotisme, et qu'un décret, facilement obtenu d'ailleurs, vint supprimer une institution très libérale en réalité, ou, en tout cas, beaucoup moins tyrannique que le régime auquel ce même David allait soumettre notre école.

L'histoire de la peinture française pendant les deux derniers siècles se résume tout entière, on le voit, dans l'histoire de l'Académie. Or, sans prétendre relier absolument cette seconde phase de l'art à la phase déjà traversée, on peut dire que les travaux accomplis par les peintres académiciens sont loin d'être de tous points en désaccord avec les travaux qui les ont précédés. Les différences extérieures une fois constatées, — et rien n'est plus facile, — qu'y a-t-il au fond de toutes ces œuvres tantôt graves, tantôt d'un caractère familier, qu'on ne retrouve ailleurs soit en germe, soit en plein développement ? Il n'est pas besoin de faire remarquer l'analogie qui existe entre les tableaux de Poussin et les tableaux de ses successeurs immédiats, les fondateurs de l'Académie ; mais ceux-ci trahissent aussi une parenté et des origines plus anciennes. La chaste imagination de Lesueur ne rappelle-t-elle pas sous des formes plus larges les inspirations de notre école primitive ? Cette manière si limpide, si parfaitement exempte d'affectation et de recherche dans son ampleur même, semble une sorte de complément et comme la sobre paraphrase des intentions exprimées d'abord par le pinceau de nos miniaturistes, et peut-être les rapports de sentiment entre le peintre de *Saint Bruno* et ces modestes artistes sont-ils tout aussi étroits que les liens qui rattachent Raphaël aux *quattrocentisti* florentins. Dans un ordre d'art différent, cette intelligence profonde de la physionomie qui distingue les travaux d'Hyacinthe Rigaud, de Largillière et de tant d'autres savants peintres de portraits, est moins une qualité nouvelle que le perfectionnement d'une qualité dès longtemps inhérente aux œuvres de notre école. Sans doute, à ne considérer que l'exécution et le style, il y a loin du portrait de *François Ier* peint par le second Clouet aux portraits de *Bossuet* et de *Louis XV enfant* par Rigaud, ou à telle autre production de la même main ou de la même époque. Cependant ce qui préoccupe avant tout le *portraitiste* du XVIe siècle est aussi l'objet principal des études poursuivies avec tant d'éclat par les maîtres du genre au XVIIe. Comme lui, ils ne songent, en copiant la forme palpable, qu'à faire pressentir le rang, les habitudes morales, tous les caractères immatériels de leur modèle. Ils les interprètent seulement avec moins de défiance ou de réserve, et lors même que le mode d'interprétation est le plus libre en apparence, il accuse encore ce goût pour l'analyse immuable chez les artistes français. Enfin il n'est pas jusqu'aux peintres de genre au temps de Louis XV et de Louis XVI qui ne prouvent à leur manière la permanence des inclinations de notre école. Nous ne voulons ni exagérer la valeur, ni méconnaître les faiblesses de ces talens inachevés pour qui les éditeurs des *Archives* semblent avoir, — nous le leur reprochions tout à l'heure, — une prédilection un peu trop vive, mais ne serait-ce pas se méprendre que de voir seulement des caprices de pinceau là où l'on peut démêler aussi les traces d'une volonté bien arrêtée de satisfaire l'intelligence, — que dis-je ? — quelquefois même des prétentions philosophiques ? Lorsque Greuze, ce « prédicateur des bonnes mœurs, » comme l'appelle assez emphatiquement Diderot, introduisait le roman moral dans la peinture, Greuze ne faisait qu'approprier aux goûts de son époque des instincts innés dans notre école, et, si insuffisants qu'aient pu être les résultats de l'entreprise, l'idée de la tenter ne pouvait venir, on en conviendra, qu'à l'esprit d'un peintre français [9].

Les caractères de l'art national se sont-ils tellement modifiés depuis qu'on ne puisse retrouver dans les œuvres modernes quelque chose des anciennes traditions, et ce culte de la pensée, qui fut de tout temps la religion de nos maîtres, a-t-il fini par dégénérer chez nous en pure fantaisie pittoresque ? Plusieurs le prétendent et se félicitent de ce triste progrès, qui cependant nous semble loin d'être avéré. Sans parler des tableaux d'histoire appartenant au commencement du siècle, productions sérieuses, fortement conçues pour la plupart et dont il est un peu trop de mode de faire bon marché aujourd'hui, les travaux véritablement importants de l'école actuelle n'attestent-ils pas encore ces habitudes méditatives, cet instinct profond de l'expression qui donnent aux œuvres anciennes leur signification principale ? Le noble talent de M. Ingres, malgré l'influence qu'ont exercée sur lui les exemples de la Grèce et de l'Italie, est de trempe toute française, en ce sens que, comme Poussin, comme David quelquefois, le peintre de *Virgile lisant l'Enéide* et de *Stratonice* sait ajouter à la majesté antique le naturel et l'émotion. Que l'on se rappelle ce tableau de *Virgile*, cette scène de famille si solennelle et si vraie à la fois : peut-être, parmi tous les sujets tirés de l'antiquité, ne rencontrera-t-on rien dans les écoles étrangères qui témoigne d'une pareille sûreté de goût unie à tant de puissance expressive, et l'on ne peut, nous le croyons, rapprocher d'une telle composition que ces deux autres compositions admirables, dues aussi au génie de maîtres français : le *Testament d'Eudamidas* et la *Mort de Socrate*. M. Delaroche n'accuse-t-il pas nettement son origine par l'ingénieuse prudence de ses calculs, par son amour de l'exactitude et son habileté à intéresser l'esprit, et M. Delacroix lui-même, tout disciple qu'il est de Rubens et de Paul Véronèse, ne se rattache-t-il pas dans ses meilleurs moments aux peintres de notre pays par la vigueur du sentiment dramatique et la portée morale des intentions ? Il ne serait pas difficile de retrouver chez d'autres talents contemporains bien des indices de filiation, bien des points de ressemblance ou de rapport avec les talents qui ont autrefois honoré notre école ; mais il est temps de nous arrêter et de résumer en quelques lignes la pensée de cette étude.

Section III

En face des monuments de chaque époque, il est difficile de s'expliquer cette tendance si générale parmi nous à sacrifier de prime abord les œuvres de la peinture française aux œuvres de l'art étranger ; encore moins peut-on admettre ce reproche de versatilité qu'il est de règle d'adresser aux artistes de notre pays. Si l'école française n'a pas l'incomparable éclat des écoles italiennes, si même, à un moment donné, elle est éclipsée en partie par les écoles des Pays-Bas, elle a du moins le mérite d'une fécondité continue et une physionomie par-dessus tout sensée, quelque chose de grave et de recueilli, même aux époques de trouble apparent, de logique, alors même qu'elle semble se démentir. On a appelé Poussin le peintre des gens d'esprit : le mot peut s'appliquer à l'ensemble des peintres français. Les tableaux qu'ils ont produits s'adressent si directement à l'intelligence, qu'une simple description suffirait, en beaucoup de cas, pour faire pressentir les formes et le caractère de l'expression. Faut-il voir dans ce fait un témoignage d'aptitudes plutôt littéraires que pittoresques ? — Peut-être ; mais il faut y voir aussi une preuve de l'extrême netteté avec laquelle les conditions morales des sujets sont comprises et définies, à quelque genre d'ailleurs qu'appartiennent ces sujets, car, — c'est là encore un des traits particuliers de notre école, — les talents se renouvellent en France à la condition de changer souvent, non de principes, mais d'objets d'étude. Les écoles des autres pays ont chacune puisé leurs inspirations à une source unique ; quelque diversifiée que soit la manière, les mêmes scènes retracées à tour de rôle par plusieurs générations d'artistes révèlent une préférence invariable pour un certain ordre d'idées. Souvent même la fidélité à ces idées est un élément nécessaire du succès, une loi qu'on ne saurait enfreindre sans compromettre l'art et sans le ruiner. En Toscane et à Rome, par exemple, la peinture n'a eu toute son éloquence qu'autant qu'elle a été la traduction des livres saints. Ici, la variété des sujets, loin d'infirmer la pensée de l'artiste, ne sert qu'à rajeunir et à retremper ses forces. Que l'Evangile, l'antiquité ou le fait contemporain soient le texte choisi par nos peintres, ils l'interpréteront avec une égale sagacité, ils en développeront le sens avec les mêmes habitudes de pénétration, de goût judicieux et démesure. Avantage négatif, dira-t-on, qui n'est en somme qu'une marque d'indifférence ou de scepticisme, soit : mais si l'on condamne cette flexibilité du talent chez les peintres français, il faut se résigner à condamner au même titre l'inconstance apparente de nos grands écrivains et ne pardonner ni à Fénelon ni à tant d'autres leurs travaux inspirés alternativement par la Bible et par la mythologie. Au lieu de s'arrêter à ces semblants de démentis, que l'on se rende compte des doctrines en vertu desquelles chaque œuvre a été composée, et l'on sentira qu'il n'y a de renoncement qu'à l'extérieur, de modification que dans

Section III

le style. Poussin est tout aussi bien Poussin quand il peint *les Sept sacrements* que quand il peint ses *Bacchanales* ou *l'Enlèvement des Sabines*. Les allégories de Lesueur à l'hôtel Lambert ne contredisent pas plus les peintures du cloître des Chartreux que les *Batailles* de Lebrun et de Gros, *la Justice* de Prud'hon et *la Méduse* de Géricault ne se contredisent entre elles. L'essence même de ces beaux ouvrages est un fonds de vérité, de sage grandeur et de raison qui appartient en propre à notre école, et qui, malgré la dissemblance des sujets, ressort infailliblement, soit des toiles signées du même nom, soit des tableaux exécutés à de longues années d'intervalle.

Si, après avoir cherché à apprécier les conditions de l'art français, recherche qui ne peut aboutir qu'à nous convaincre de son unité, nous envisageons les œuvres de l'école dans leur succession chronologique, de ce côté encore notre orgueil national n'aura pas à souffrir. La peinture a des origines aussi anciennes dans notre pays qu'en aucun pays de l'Europe, et de plus son histoire, à partir du XIIIe siècle, est sans lacune considérable. Malheureusement, cette histoire si digne d'intérêt, nous ne nous sommes guère avisés jusqu'ici de l'étudier, et il faut ajouter qu'assez peu de gens ont essayé de nous l'apprendre. On semble de part et d'autre en meilleure disposition aujourd'hui. Le zèle des érudits a bien tardé à se porter sur d'autres monuments que les monuments de l'architecture et de la statuaire ; mais enfin un mouvement de réaction s'accomplit : peut-être aura-t-il raison de notre longue indifférence. Il semble seulement que le résultat serait plus tôt et plus sûrement obtenu, si les écrivains qui ont entrepris de nous convertir se contentaient moins habituellement de discuter des dates ou de produire à peu près sans commentaires des pièces historiques assez sèches en elles-mêmes. La plupart des travaux publiés jusqu'à ce jour, et dont nous avons mentionné les plus importants, sont de nature à nous éclairer sur les questions de détail, à fixer certains points chronologiques ; ils sont le fruit d'investigations soigneuses et d'une louable activité scientifique. Est-ce assez cependant, et suffit-il d'avoir réfuté preuves en main quelques erreurs matérielles ? Il serait à souhaiter que l'esprit critique pénétrât davantage ces travaux, et qu'une fois en possession des documents, on s'en servît pour expliquer soit le rôle individuel des talents, soit la marche et les progrès généraux de l'école. Si cette méthode d'exposition venait à être adoptée pour l'histoire de la peinture française comme elle l'a été pour l'histoire de notre littérature, les écrivains prendraient plus d'autorité et conseilleraient plus efficacement le lecteur tout en restant fidèles à leurs devoirs d'annalistes. Au lieu de s'attribuer la tâche aride d'inventorier des actes, de transcrire des quittances, des fragments de correspondances, et de nous révéler des particularités assez secondaires après tout, que ne se placent-ils plus souvent en face des œuvres mêmes et des idées que ces œuvres expriment ? Pourquoi ne pas rattacher avec moins de réserve les circonstances partielles à l'ensemble des faits historiques, les détails biographiques à la manière des artistes qu'ils concernent, l'accessoire au principal et la lettre à l'esprit ? A force de défiance ou d'abnégation, on court risque ainsi de manquer le but et d'arriver seulement à accumuler pêle-mêle des matériaux archéologiques là où il s'agissait de les coordonner et d'en composer une histoire. Il faut le répéter, cette histoire est encore à faire. Que les recherches soient poursuivies aujourd'hui avec beaucoup plus de sagacité qu'autrefois, qu'on apporte dans l'étude du passé une conscience et une application toutes nouvelles, voilà ce qui est hors de doute et ce qu'il importe de constater ; mais ne semble-t-il pas qu'en multipliant à ce point les copies de pièces officielles, en se montrant en revanche si avare d'explications et de développements, on songe moins à mettre l'histoire de l'art à la portée de tous qu'à faire le procès aux ouvrages tantôt purement didactiques, tantôt remplis d'aperçus trop libres ou de hors-d'œuvre qui ont été publiés avant notre époque ?

Depuis le XVIIe siècle, en effet, les questions relatives à la peinture ont été traitées dans notre pays a des points de vue bien différents, mais presque toujours avec un médiocre souci de l'exactitude historique. Les *Entretiens* de Félibien, le livre d'art le plus connu et aussi le plus recommandable qui ait paru sous le règne de Louis XIV, sont loin de témoigner à cet égard de scrupules fort sévères, et l'auteur, malgré son titre d'historiographe du roi, ne parait pas avoir poussé ses études au-delà du strict nécessaire pour démêler en gros la vérité et satisfaire à peu près sa curiosité d'honnête homme. Il avoue d'ailleurs qu'il écrit principalement pour lui-même, pour « le plaisir qu'il prend dans l'entretien de tant de choses agréables et divertissantes, » et de peur d'abréger ce plaisir, il passe en revue les artistes de tous les temps et de tous les pays, depuis « Prométhée, fils de Japhet, homme de grand esprit qui fut en une merveilleuse estime parmi les peuples d'Arcadie [10] » jusqu'aux peintres qui décorent les appartements du roi aux Tuileries et au palais de Versailles : le tout afin de complaire en apparence aux désirs de Pymandre, auditeur assez peu difficile sur les détails, interlocuteur discret qui, trop heureux d'écouter « les belles choses » que lui dit Félibien, laisse passer sans rien mettre en doute mainte anecdote suspecte, mainte proposition erronée. Cependant, si imparfait qu'il soit, l'ouvrage de Félibien mérite d'être consulté surtout en ce qui touche les peintres français du XVIIe siècle. Poussin, entre autres, avec qui l'auteur avait vécu à Rome dans une certaine familiarité et dont les œuvres et le caractère sont en plus d'un endroit dignement appréciés. Nous ne pouvons que mentionner en passant le poème du peintre Dufresnoy, *de Arte graphica*, le *Cours de peinture*, les *Dissertations* et les *Dialogues* de Roger de Piles ; dans le siècle suivant, les recueils publiés par d'Argenville, l'abbé de Marsy, Mariette, et plusieurs autres ouvrages fort estimés au moment où ils parurent, mais qu'aujourd'hui on ne lit guère, si tant est qu'on se rappelle même leurs titres. À l'exception du savant Mariette, les hommes qui prétendaient juger la peinture et les peintres de notre école ne faisaient ordinairement que confondre dans une admiration banale tous les talents et toutes les œuvres, ou professer, comme Dufresnoy, d'assez inutiles théories.

Tout cela, il est vrai, n'accusait pas des prétentions bien hautes, la critique d'art n'était encore qu'une forme innocente de l'apologie ou un prétexte à de timides essais techniques ; mais les articles de l'*Encyclopédie* et les *Salons* de Diderot allaient lui donner une tout autre portée et faire un instrument de polémique, une véritable arme de guerre, de ce qui n'avait été jusqu'alors qu'un objet d'amusement et de loisir. Lorsqu'on eut entrepris de soumettre au contrôle de la philosophie chacune des découvertes humaines, la peinture, comme tout le reste, servit de thème aux dissertations et aux développements dogmatiques. Transformée sous la plume de Diderot en cours de morale romanesque, en cantique perpétuel à la nature et à l'honnêteté des mœurs, la critique d'art fut encore sous la plume moins passionnée de Watelet un moyen de propagande et une manifestation de l'esprit philosophique. À partir de ce moment, chaque nouvel écrit sur la peinture n'eut plus d'autre signification, et depuis les *Réflexions critiques* du marquis d'Argens, jusqu'à l'*Art de bien juger la peinture*, par l'abbé Laugier, les livres composés par des amateurs ou des artistes portèrent de moins en moins le cachet de la simplicité. On soutint avec éclat quelquefois, le plus souvent avec arrogance, des thèses conformes aux doctrines et aux goûts du temps ; on commenta, à propos de tableaux, l'*Essai sur les mœurs* et le *Dictionnaire philosophique* ; et comme en toutes choses on n'assignait guère à l'origine du vrai et du bien d'autre date que l'époque actuelle, à peine parut-on se souvenir que la peinture était née en France avant le règne de Louis XV, les « tableaux à sentiment » de Greuze, et les *marines* de Vemet. Survint vers les premières années de l'empire Emeric David, qui sans parti pris littéraire, sans arrière-pensée paradoxale ni influence de coterie, essaya de remonter aux sources authentiques et de montrer sous son vrai jour l'histoire si étrangement méconnue ou défigurée des premiers progrès de l'école française : entreprise bien opportune, mais malheureusement inachevée, et dont les résultats, si précieux qu'ils soient, ne peuvent être considérés que comme des fragments de la pensée de l'auteur et comme des travaux préparatoires.

Les historiens ont donc toujours fait défaut à l'art et aux artistes de notre pays. Ce que nous ont laissé les écrivains des deux derniers siècles manque tantôt d'érudition et d'exactitude, tantôt de retenue, et ne saurait par conséquent être accepté avec beaucoup de confiance. Est-ce une raison toutefois pour se jeter dans un excès contraire, et faut-il se condamner à être insuffisant de peur de paraître immodéré ? Dans les livres qui traitent de notre école, la critique ne peut-elle désormais trouver place à côté de l'exposé des faits, parce qu'on a abusé de la critique ? La vérité doit-elle se montrer aride et nue, parce qu'on l'a trop longtemps affublée d'ornements de rencontre ? Il est permis de croire, à en juger par le caractère de leurs ouvrages, que telle est l'opinion de MM. de Chennevières, Dussieux et de leurs collaborateurs. On conçoit qu'en haine du faux et du suspect, et pour mieux s'isoler des entrepreneurs de critique ou d'histoire, des hommes véritablement éclairés, des investigateurs patients, comme les éditeurs des *Archives* et des *Mémoires sur l'Académie*, s'imposent une extrême réserve, et croient avoir assez fait quand ils ont publié des documents irrécusables. Pourtant ils n'accomplissent ainsi que la moitié de leur tâche. C'est à ceux qui savent qu'il appartient de parler, et de parler surtout à ceux qui ignorent, sous peine de laisser le premier venu et les ignorants eux-mêmes prendre sans façon la parole. Le fait, on le sait de reste, n'est pas des plus rares aujourd'hui. Tout le monde lit ce qui s'imprime, — et que n'imprime-t-on pas ? — sur les salons, sur tel tableau ou tel maître contemporain ; pourquoi ne lirait-on pas avec une égale bonne volonté ce qui a trait à l'histoire même de la peinture en France, si cette histoire était racontée au lieu de se trouver morcelée en chapitres à l'usage des antiquaires ? Il ne suffit pas d'être compris par quelques hommes spéciaux et de les intéresser, soit en les confirmant dans leurs propres opinions, soit en mettant sous leurs yeux des pièces oubliées au fond des archives et des bibliothèques. Il ne faut pas, quand on s'occupe de recherches sur notre école, avoir seulement en vue quelque satisfaction à procurer aux membres de l'Académie des Inscriptions. Le point essentiel est de nous instruire tous tant que nous sommes, et de mettre la science au niveau des intelligences peu familiarisées avec les études longues et pénibles. Nous avons besoin, en un mot, qu'on interprète les faits principaux à notre profit, et qu'on ne se contente plus de produire des titres ou des faits de détail. Si les efforts des érudits étaient dirigés en ce sens, chacun y trouverait son compte : le public aurait à juger la valeur de l'interprétation ; mais, pour connaître l'histoire de la peinture française, il n'en serait plus réduit à comparer des textes, à parcourir des répertoires d'actes de toutes sortes, à s'imposer enfin un travail de compilation que peu de gens sont d'humeur à entreprendre, et bien moins encore à poursuivre jusqu'au bout. Quant aux peintres contemporains, qui, faute d'autres écrits sur les arts, ne lisent guère que les journaux où il est question d'eux et de leurs confrères, ils sentiraient à leur tour plus vivement en quoi les antécédents de notre école les obligent, et jusqu'à quel point ils autorisent les tentatives d'affranchissement. Les enseignements auraient ainsi pour tous une utilité immédiate et une application actuelle. L'histoire du passé ne peut nous être tout à fait profitable qu'autant qu'elle nous donne une intelligence plus nette du présent, et il serait assez oiseux de satisfaire notre curiosité sur quelques points d'archéologie, si nous n'arrivions avant tout à concevoir une idée plus haute de l'art lui-même, à nous pénétrer de ses beautés et à mieux comprendre ses lois.

Notes

1.   Nous ne comptons pas non plus d'autres travaux de peinture qui prouvent que, même antérieurement au XIIIe siècle, l'art français ne consistait pas tout entier dans l'enluminure des livres de chœur et des missels. Les fresques trop peu connues de l'église Saint-Savin près Poitiers, celles de Saint-Pierre-les-Églises dans le même canton, d'autres fragments qu'on voit encore dans plusieurs villes ou villages des départements de la Vienne et de la Haute-Loire attestent qu'avant l'époque de la première renaissance italienne, la peinture murale était pratiquée en France aussi habilement pour le moins que de l'autre côté des monts. Les fresques de Saint-Savin, dont quelques-unes semblent appartenir aux premières années du XIe siècle, sont loin d'être inférieures, sous le rapport de la composition et du style, a ce qui reste des fresques peintes dans la chapelle souterraine de Santa-Maria-Novella, à Florence, par les artistes grecs maîtres de Cimabue. Enfin les tapisseries et les mosaïques qui,

Henri Delaborde

dès les premiers siècles de la monarchie, ornaient les églises et les abbayes, pourraient être citées aussi comme indice de nos goûts pittoresques à une époque barbare, et se relieraient utilement à l'histoire des origines de la peinture en France.

2.   Voyez cette étude dans la Revue du Ier juillet 1841.

3.   La vie et les ouvrages de Caron oui été assez récemment l'objet d'un travail intéressant de M. Anatole de Montaiglon : Antoine Caron de Beauvais, peintre du seizième siècle ; Paris 1850. M. de Montaiglon mentionne, il est vrai, dans l'œuvre de l'artiste, plusieurs compositions sur des sujets pieux ou mythologiques indépendamment des dessins conservés au musée du Louvre, mais il ne donne nulle part à entendre que ce talent se soit exercé dans des ouvrages de grande dimension.

4.   Purgatoire, ch. XI.

5.   L'erreur où est tombé M. Dussieux avait été du reste commise avant lui par le père Della Valle et par la plupart des annotateurs de Vasari. Vasari ayant écrit tantôt Macilla, tantôt Marzitta, ou a pris le nom de famille de l'artiste pour le nom de sa ville natale, et l'on a conclu de là que Guillaume était Marseillais. Une pièce portant la signature du maître lui-même, et transcrite par le père Marchese dans ses Mémoires sur les artistes dominicains, rétablit l'orthographe authentique de ce nom, et nous fait savoir par surcroît que le prétendu Provençal était lié dans le diocèse de Verdun.

6.   Mémoires pour servir à l'histoire de l'Académie royale de peinture depuis 1648 jusqu'en 1664 ; Paris, Jannet 1853.

7.   Les peintres n'appartenant pas au corps académique, soit qu'ils ne se fussent pas présentés encore, soit qu'ils eussent été refusés, étaient réduits, pour donner de la publicité à leurs tableaux, à les exposer sur les murs de la place Dauphine le jour de l'Ascension. L'usage de cette exposition en plein air, dont la durée, dans les commencements, était de deux heures seulement, se maintint jusque sous le règne de Louis XVI. En 1791, pour la première fois le salon fut ouvert à tous les peintres sans distinction ni privilège.

8.   Archives de l'Art français, t. Ier. — Ce billet est daté du 4 mai 1793.

9.   Objectera-t-on Hogarth, qui, trente on quarante ans auparavant, avait rêvé quelque chose d'analogue en apparence ? La différence est grande pourtant entre la nature des inspirations et le genre de talent des deux peintres. Il y a dans les œuvres de William Hogar-

th, artiste éminent dont on ne saurait d'ailleurs contester le rare mérite, une arrière-pensée satirique et des intentions de comédie dont les drames bourgeois peints par Greuze n'offrent nulle trace. Les toiles de Greuze sont tout uniment des moralités doucereuses assez propres à illustrer les Contes de Marmontel ou autres écrits d'une philosophie un peu fade sur la nature et la vertu telles qu'on les comprenait l'une et l'autre à la fin du XVIIIe siècle ; mais, fort contrairement aux compositions surchargées du maître anglais, ce sont aussi des tableaux d'une expression claire, facile, sans équivoque, et qui se retient par-là aux productions antérieures de la peinture française.

10.   Entretiens, t. Ier, p. 45.

ISBN : 978-1548006570

Henri Delaborde